AF370195

PANÉGYRIQUE

DE

SAINT ANTHELME

ÉVÊQUE DE BELLEY

Prononcé le 26 Juin 1889, dans la Cathédrale de Belley

Par le T. R. PÈRE MOYSE, d'Orléans

EX-PROVINCIAL

Procureur des Missions étrangères

DE L'ORDRE DES FF. MM. CAPUCINS

De Saint-François d'Assise

LYON

LIBRAIRIE & IMPRIMERIE VITTE & PERRUSSEL

Imprimeurs de l'Archevêché et des Facultés Catholiques de Lyon

3, place Bellecour, et rue Condé, 30

1889

PANÉGYRIQUE

DE

SAINT ANTHELME

ÉVÊQUE DE BELLEY

Prononcé le 26 Juin 1889, dans la Cathédrale de Belley

Par le T. R. PÈRE MOYSE, d'Orléans

EX-PROVINCIAL

Procureur des Missions étrangères

DE L'ORDRE DES FF. MM. CAPUCINS

De Saint-François d'Assise

LYON

LIBRAIRIE & IMPRIMERIE VITTE & PERRUSSEL

Imprimeurs de l'Archevêché et des Facultés Catholiques de Lyon

3, place Bellecour, et rue Condé, 30

1889

PANÉGYRIQUE

DE

SAINT ANTHELME

ÉVÊQUE DE BELLEY

———

Justus ut palma florebit.
Le juste fleurira comme le palmier.

(Ps. 91-13.)

MESSEIGNEURS (1),
MES FRÈRES,

Le voyageur engagé dans les déserts de l'Afrique voit souvent la mort se dresser devant lui, parmi les tourbillons et les vagues de sable mouvant qu'il est obligé de franchir pour atteindre son but. Pas un ombrage sous ce ciel de feu ; dans cette immense solitude, pas un abri pour se reposer, aucun être humain pour soutenir le voyageur, pour le fortifier au moment du péril.

Soudain, il aperçoit à l'horizon un dôme de feuillage qui se balance majestueusement et semble l'inviter à venir jusqu'à lui pour prendre un peu de repos et réparer ses forces. Ce dôme verdoyant, cet ombrage inespéré, c'est un palmier, dont la tige élégante et forte s'élance, droite comme une colonne, avec son chapiteau de palmes, étendues comme pour soutenir le ciel et ombrager la terre. A ces palmes des fruits savoureux sont suspendus : auprès de l'arbre sauveur coule l'eau bienfaisante d'une source limpide ; là le voyageur va trouver enfin le repos si longtemps attendu, le rafraîchissement et la nourriture qui lui rendront la force et la vie.

(1) Mgr l'évêque de Belley ;
Mgr l'évêque de Saint-Claude.

Nous-mêmes, voyageurs à travers ce désert de malédiction, qu'on appelle le monde, nous sommes de toute part entourés par des tourbillons de sable et de poussière. Ce sont les créatures humaines que le vent de mille passions emporte et souvent agite des plus effroyables tempêtes.

Après avoir longtemps marché dans cette affreuse solitude, l'esprit et le cœur oppressés par le souffle desséchant du doute et de l'égoïsme, exposés aux morsures des êtres malfaisants, bien plus nombreux en ce monde que les êtres raisonnables, l'âme défaillante par la privation de toute affection sincère, épuisée sous les ardeurs brûlantes des passions humaines, avec quelle ineffable joie nous voyons surgir devant nous un de ces magnifiques palmiers dont parlent les Saintes Écritures, près duquel nous trouverons, dans un repos réparateur, les lumières de l'esprit, l'apaisement du cœur, la force et la vie pour notre âme consumée et anéantie ! Or, ce palmier, cet arbre sauveur désigné par le Saint-Esprit, M. F., c'est l'homme juste, c'est le saint.

Un juste, un saint, l'homme ne peut rien contempler sur la terre de plus beau, de plus consolant, de plus fortifiant, rien dont le commerce soit plus apte à le retremper de ses fatigues et à le rétablir plein de force et de vigueur sur le chemin du Paradis.

Tel fut, en particulier, saint Anthelme, il y a sept siècles, pour les habitants de ces contrées, tel il doit être pour nous tous en ce grand jour.

Monseigneur,

Debout auprès de ce palmier majestueux, dont la couronne chargée de fleurs et de fruits vous abrite, vous et votre peuple, vous avez nourri votre âme de ces fruits merveilleux qui sont ceux de la justice, légués par Anthelme à ses successeurs, et chaque jour vous les dispensez avec largesse à vos enfants selon la foi. Votre vœu le plus cher est que tous s'en nourrissent abondamment, mais il faut pour cela qu'ils en comprennent la suavité et la vertu. C'est à les en instruire que vous nous conviez en ce jour ; autrement dit, c'est à l'honneur de retracer la vie de saint Anthelme, d'exalter ses vertus et de glorifier sa mémoire.

Daignez donc permettre, Monseigneur, que nous considérions le palmier béni, d'abord dans son éclosion et son épanouissement au sein de la famille ; ensuite dans son développement et dans la plénitude de sa vigueur en la terre sacrée de la Religion ; enfin nous le verrons, arbre parfait, tout chargé de fleurs et de fruits, s'élevant au milieu de l'Eglise de Belley pour la soutenir, la protéger et la nourrir.

O Marie ! nous allons glorifier un saint illustre, un juste ; c'est-à-dire un homme resplendissant des rayons de votre divin Fils qui est le Soleil de Justice illuminant le monde. O Mère ! vous dont la mission est de nous donner Jésus, daignez diriger sur nos âmes quelques-uns de ces rayons vivifiants qui font les saints. *Speculum Justitiæ, ora pro nobis.*

I

La Justice, M. F., c'est la plus élevée, la plus parfaite, la plus excellente de toutes les vertus. Elle peut en être appelée la souveraine, la reine : *Excellentissima virtus, Domina et Regina virtutum* (1).

Cette vertu est, en effet, la droiture ou la rectitude de la volonté qui dirige l'âme et la dispose constamment à rendre à chacun ce qui lui est dû ; *tribuens unicuique dignum.* Aux supérieurs la soumission, la révérence ; aux égaux l'échange des bons offices, en vue de la concorde ; aux inférieurs une sage direction : *Superioribus reverentiam, paribus concordiam, inferioribus disciplinam* (2). C'est la justice qui, selon l'Esprit-Saint, élève les nations : *Justitia elevat gentem* (3) et leur communique la force et la puissance, car, nous dit saint Ambroise, la Justice, c'est le Christ lui-même, *Justitia Christus est,* et les nations qui ont avec elles le Christ sont invulnérables.

L'homme juste et droit, *justus et rectus,* admirablement symbolisé par la tige régulière et droite du palmier qui s'élève comme une colonne, est, nous dit saint Paul, revêtu d'une cuirasse, *loricam justitiæ* (4), toujours armé en faveur des grandes œuvres, pour les prêcher comme Noé, *præconem justitiæ* (5),

(1) Cic. Off. II, III, IV. — Nat. Deor. II, 1.
(2) S. Bonav. — (3) Prov. XIV, 34.
(4) Eph. VI, 14. — (5) II Petr. II, 5.

ou pour les accomplir comme les saints, *qui operati sunt justitiam* (1), à l'exemple des disciples du Seigneur, figurés, selon saint Jérôme, par les 70 palmiers d'Elim au désert.

Or, où trouve-t-on ces hommes droits ? On peut en rencontrer partout, comme on voit des palmiers dans toutes les régions : au milieu des plaines fertiles et sur les rochers abrupts, dans les déserts et dans les jardins, sous différents climats où ils varient de formes et d'aptitudes. Toutefois, pour vivre de sa vie normale et porter des fruits savoureux, le palmier veut-il une terre propice, des eaux rafraîchissantes, du soleil, de la chaleur, de l'air et de la lumière.

Dans toutes les nations, dit le Sage, on rencontre des âmes saintes : *Per nationes amicos Dei et prophetas constituit* (2). Sous le chaume et dans les palais, dans les camps comme au sanctuaire, dans le monde comme dans le cloître, le juste peut germer et grandir. Cependant, comme au palmier, pour porter des fruits en abondance, il lui faut un sol favorable, la rosée du ciel, la lumière et la grâce d'en haut. A la vérité, tout homme devrait être juste, car, dans l'origine, le Créateur l'avait fait tel : *Fecit hominem rectum* (3). Mais, cette rectitude de la grâce originelle, nous l'avons perdue par le péché, et l'homme naît courbé vers la terre. Pour le redresser, il est besoin de secours, et de conditions particulières dont Dieu se plaît à favoriser le berceau des saints.

Saint Anthelme naquit en l'an 1107, au château de Chignin, en Savoie, de parents dont la foi et les vertus traditionnelles étaient l'édification de tout le pays. Anthelme fut élevé dans les principes les plus exacts du Christianisme ; et, dès son bas âge, ses pieux parents le formèrent à la pratique de la vertu en même temps qu'à l'étude des lettres sacrées. Ses progrès dans la piété et dans la science furent rapides. Encore adolescent, il se faisait aimer de tous par ses heureuses qualités ; il grandit dans l'innocence, la pureté de son cœur ne reçut pas la plus légère atteinte ; jamais, dit son plus ancien biographe, il ne fit rien qui pût blesser le regard de son Créateur. La justice est dans cette âme, il faut qu'elle y pousse des racines profondes, afin de porter un jour, sur sa tige robuste, la vie et le salut des peuples.

(1) Hebr. 11, 33. — (2) Sap. vii, 27. — (3) Eccl. vii, 30.

Cependant, le château de Chignin était souvent le théâtre de fêtes joyeuses et brillantes, comme on les aimait aux temps chevaleresques, et Anthelme les contemplait d'un œil ravi. Les jeux guerriers surtout le remplissaient d'un véritable enthousiasme, et, s'il ne pouvait y prendre part à cause de sa jeunesse, du moins il en suivait avec le plus grand intérêt les moindres phases et applaudissait les vainqueurs avec délire.

D'autre part, la première Croisade finissait à peine et l'on s'entretenait habituellement au château des faits d'armes héroïques accomplis par des preux dont, parfois, la présence ajoutait un charme puissant au récit de leurs exploits. C'était une véritable fascination que produisaient sur l'esprit du jeune Anthelme, ces simulacres de guerres entremêlés du récit de tant de merveilles. Que si nous ajoutons à cela les splendeurs du site où reposait le château de Chignin, et tout ce qui concourait à en faire le séjour le plus enchanteur : renommée séculaire, puissance, richesses, joies et distractions sans nombre, nous comprendrons que l'âme d'Anthelme n'ait pas été sans recevoir de tout cet ensemble des impressions assez vives. Mais Dieu veillait à la garde de son élu ; il suppléait par sa grâce à l'insuffisance du sol où croissait cette plante de prédilection, en attendant qu'il l'établit dans la terre de son choix. Aussi, malgré les nombreuses sollicitations qui l'entouraient, le pieux jeune homme ne s'écarta point de la voie qu'il avait suivie dès sa première enfance ; et tandis que ses frères s'exerçaient au métier des armes, lui, continuait le cours de ses études et y remportait les succès les plus éclatants.

L'heure était venue pour Anthelme de choisir un état de vie ; il se décida pour la carrière ecclésiastique. Ses parents obtinrent pour lui les titres de Prévôt et de Secrétaire du Chapitre de Genève. Après un court espace de temps passé dans l'exercice de cette charge, il vint se fixer à Belley, avec les mêmes titres auprès du Chapitre de cette Eglise.

Un saint pontife, Ponce II, occupait alors le siège de Belley. Il avait été chartreux. C'est de sa cellule de moine qu'il vint gouverner l'Eglise de Belley. Les vertus admirables dont il donnait l'exemple à son clergé et à son peuple firent sur Anthelme, son chanoine, qui en était le témoin journalier, une impression profonde. Le saint évêque se rendait compte de

l'influence qu'il exerçait sur le Secrétaire de son Chapitre;
frappé, d'ailleurs, des qualités qu'il remarquait en ce jeune
homme, il profitait de toutes les occasions pour lui représenter
le néant et la vanité du monde, il l'exhortait à le quitter et à se
donner entièrement à Dieu. Mais Anthelme, tout en écoutant
avec respect la voix de son évêque, ne se rendait point à son
appel; l'heure de la grâce n'avait pas encore sonné.

Il menait, du reste, une vie ecclésiastique régulière, bien
qu'elle fût celle d'un grand seigneur. Doué d'un cœur généreux,
il usait noblement de ses richesses pour répandre les bienfaits
autour de lui, surtout dans le sein des pauvres à qui sa main ne
savait rien refuser. A l'égard de tous, il était d'une grâce et
d'une magnificence qui lui conciliaient tous les cœurs. Ainsi,
au point de vue humain, le jeune chanoine menait une existence d'une régularité extérieure exemplaire, édifiante même
et, cependant, trop empreinte du faste et des grandeurs dont
son enfance avait été entourée; sa vie était réellement impar-
faite, considérée à la lumière de la foi.

C'est pourquoi il importait que Dieu arrachât aux influences
malsaines du siècle cette plante, jeune encore, pour la placer
dans un sol plus favorable et sous un ciel plus pur. Là, sa tige,
légèrement inclinée vers la terre, se redressera pour s'élever
forte et majestueuse vers le ciel, et, peu à peu, sa couronne s'en-
richira des fruits de la justice en même temps que des palmes
de la victoire.

II

Ponce II, le saint évêque de Belley, avait regagné sa chère
solitude de Meyriat pour préparer son âme à paraître devant
Dieu. Un autre religieux, non moins remarquable par ses vertus,
lui avait succédé; c'était Bernard, du monastère de Portes. Ce
fut ce prélat qui donna l'onction sacerdotale à Anthelme, l'an
1136; notre saint avait 29 ans.

Il est permis de croire qu'au moment où il reçut la grâce du
sacerdoce, Anthelme évoqua dans son âme la mémoire des
vertus qu'il avait tant admirées dans son saint évêque, Ponce II,
et le souvenir de ses paternelles exhortations, car, nous disent
les historiens, il sentit, en cette heure solennelle, son cœur attiré
vers les solitudes bénies d'où lui venait comme un délicieux

parfum de sainteté. Il continua néanmoins son genre de vie fastueux et mondain, mais ce ne devait pas être pour un temps bien long.

Témoin des vertus de Ponce II, il admirait présentement celles de Bernard, son successeur. Il était frappé de l'humilité avec laquelle ces hommes de Dieu avaient refusé l'épiscopat. Il contemplait leur vie pauvre et mortifiée, dénuée de tout appareil mondain, il les entendait regretter leurs chères solitudes et aspirer après le jour où ils pourraient y retourner pour mourir. D'autre part, il voyait les plus grands hommes de l'époque favoriser les fondations monastiques et s'en déclarer les protecteurs, estimer les habitants de ces demeures et les prendre pour conseillers dans les affaires les plus importantes. Il avait vu, l'année précédente, l'illustre abbé de Clairvaux, saint Bernard, entrer en rapports intimes avec le moine qui était assis alors sur le trône épiscopal de Belley. Un travail secret et puissant s'opérait dans son âme ; il se décida à visiter ces retraites qui abritaient tant de vertus et qui avaient tant de charmes pour leurs habitants, il résolut de surprendre le secret du bonheur dont elles les enivraient.

Après plusieurs visites faites à la Chartreuse de Portes, Anthelme y retourna un jour avec plusieurs de ses amis. Il fut accueilli avec une grande bonté par le vénérable prieur, Dom Bernard de Varey, qui se sentit surnaturellement pressé de tenter, auprès du noble visiteur, un assaut en règle pour le décider à quitter le monde et à venir s'enfermer dans le cloître. Anthelme fut fortement ébranlé par les arguments du saint religieux. Toutefois, comme s'il eût craint de nouvelles instances, il se hâta de se retirer. Mais le trait avait porté et, tout préoccupé de qu'il venait d'entendre, Anthelme, au lieu de rentrer à Belley, s'arrêta à l'hôtellerie où se trouvait, comme procureur, un de ses parents. Anthelme lui ouvrit son cœur et lui fit part du trouble qui l'agitait. Le saint religieux comprit que l'âme du jeune homme était poursuivie par Dieu et qu'il fallait à tout prix mettre fin à ses hésitations. Il insista donc pour qu'Anthelme se rendît à la grâce qui le sollicitait.

Après une nuit passée dans les plus sérieuses réflexions, Anthelme retourna au monastère. Il voulut voir de nouveau les cellules des moines, il s'enquit de mille détails sur la vie de communauté, puis, aux nouvelles exhortations qui lui furent adressées, il répondit qu'il était prêt et demanda à être admis sur le champ dans la famille de saint Bruno.

Les desseins de Dieu sur Anthelme vont s'accomplir.

Qu'est-ce que la vie religieuse ? M. F., saint Thomas nous dit que c'est la perfection de la Justice : *Religio potissima pars Justitiæ* : c'en est l'acte suprême qui consiste à rendre à Dieu tout ce qui lui est dû, c'est-à-dire tout ce qu'on a reçu de lui, le corps et l'âme, et à le lui rendre avec plénitude et sans réserve. C'est pourquoi le religieux consacre à Dieu son corps par le vœu de chasteté, son âme par le vœu d'obéissance, et sa vie tout entière par le vœu de pauvreté.

De la sorte la créature humaine est tout entière rendue à son Créateur par la Justice, dont l'ordre, nous dit saint Augustin, est que l'âme soit soumise à Dieu et le corps à l'âme, *et per hoc Deo et anima et caro.* Tel est l'acte, le but auquel Anthelme va tendre désormais : *in statu perfectionis acquirendæ*, il va croître chaque jour en vertus, jusqu'à ce que sa justice étant parfaite, *in statu perfectionis acquisitæ*, Dieu l'établira en son Eglise comme un palmier majestueux pour la soutenir et pour ombrager les peuples contre la foudre du Très-Haut, semblable à celui qui protégeait Israël aux jours de Débora.

Dès les premiers temps de son noviciat, Anthelme fit de tels progrès dans la vertu, qu'il excita l'admiration de tous ses frères. Il n'ignorait pas tout ce qu'il devait déployer de générosité, d'ardeur, de zèle, pour transformer sa nature, jusqu'ici habituée aux douceurs de la vie seigneuriale, et la façonner aux austérités du cloître, pour diriger son esprit et son cœur vers la contemplation et l'amour unique des choses du ciel. Aussi, armé d'une volonté inébranlable de n'appartenir qu'à Dieu seul, et résolu de correspondre par tous les moyens à sa sublime vocation, il avait entrepris contre les passions de sa jeunesse une lutte sans merci, et quelques mois à peine après sa vêture, d'éclatantes victoires ornaient déjà son front de palmes glorieuses.

Guigue, l'illustre prieur de la Grande-Chartreuse, ayant ouï parler du fervent novice, voulut le posséder dans son monastère. Il en fit la demande au prieur de Portes qui, contraint de

s'en séparer, ne le laissa partir qu'avec d'abondantes larmes.
Arrivé à la Grande-Chartreuse, Anthelme acheva son noviciat,
puis il fit sa profession religieuse et peu de temps après, malgré
sa jeunesse et malgré la date récente de sa profession, il fut élevé
par ses frères à la charge de procureur du monastère. Deux ans
après, il fut élu Prieur : il n'avait que 32 ans.

Admirable dans sa direction spirituelle, il exigeait qu'on
observât la règle dans les moindres détails. On se rappelle
comment, dans une circonstance mémorable, quelques-uns de
ses religieux ayant obtenu par surprise, du pape Eugène III, des
lettres dont l'effet aurait été de porter atteinte à la discipline, le
saint n'hésita pas à donner sa démission de prieur. Saint Bernard,
abbé de Clairvaux, dut intervenir, et Anthelme ne consentit à
reprendre le commandement qu'après avoir obtenu du Pape
pleine satisfaction. Toutefois, s'il témoignait aux rebelles une
sévérité salutaire, il usait d'une condescendance toute paternelle
à l'égard des faibles dont la volonté était bonne, bien que
parfois défaillante. Il savait multiplier les conseils, supporter
les imperfections avec une charité sans limite, et il finissait
toujours par obtenir la pratique des points de règle en souffrance.

C'est sous l'administration du saint que fut créée l'institution
du Généralat, qui rendit l'Ordre à sa direction propre, et qui lui
procura des avantages spirituels si considérables.

Au point de vue temporel, il n'était pas moins admirable.
Initié aux moindres détails de l'administration de son monastère,
il provoqua des travaux intelligents qui firent entrer la Grande-
Chartreuse dans une voie de prospérité matérielle qu'elle n'avait
pas encore connue.

Après une administration de 12 années à la Grande-Chartreuse, Anthelme est rappelé à Portes pour y exercer la charge
de Prieur. Là, il se fait admirer et aimer de ses nouveaux sujets,
pour qui il est le modèle des plus éclatantes vertus, mais aussi
dont il est le père et l'ami autant que le Supérieur. La mémoire
restera impérissable, au sein des populations, de tous les bienfaits
qu'il répandit parmi elles, à la suite d'une série d'orages qui
avaient dévasté le pays. On raconte qu'en cette circonstance,
après avoir fait distribuer les provisions du monastère, et sentant
son cœur se serrer à la vue de la misère qui l'entourait : « Allez,

dit-il, allez dans les greniers chercher du blé pour ces pauvres gens. — Il n'y en a plus, lui répondit-on, vous avez déjà fait tout distribuer. — Allez, répète Anselme, je vous l'ordonne, » et, chose merveilleuse, on trouva les greniers aussi remplis qu'au premier moment des distributions !

Au bout de deux années, Anthelme se démit de sa charge et regagna la Grande-Chartreuse. Son court séjour à Portes avait suffi pour donner à ce monastère une illustration sans égale, non seulement dans l'ordre de Saint-Bruno, mais dans l'Europe chrétienne tout entière.

Malgré les immenses travaux imposés par les diverses charges qu'il remplit dans l'Ordre, Anthelme ne cessa de porter l'attention la plus vigilante sur les intérêts généraux de l'Eglise. Il suivait également le mouvement intellectuel qui entraînait alors les esprits vers l'étude des questions les plus ardues de la Théologie et de la Philosophie. En 1140, pendant son Priorat de la Grande-Chartreuse, il avait provoqué, de concert avec saint Bernard, la réunion d'un concile à Sens pour faire juger la doctrine d'Abailard. Or, à l'époque où nous sommes arrivés de la vie de notre saint, en 1159, l'empereur Frédéric Barberousse, dont l'ambition avait rêvé l'empire du monde et l'asservissement de la Papauté, dont il aurait fait son humble vassale, était sur le point de réaliser son despotique projet.

Le Pape Adrien IV venait de mourir ; Frédéric exige des rois de France et d'Angleterre qu'ils ne reconnaissent pour pape que celui à qui il aura donné ses suffrages ; puis il fomente à Rome des intrigues, et, en face du nouveau Pontife, Alexandre III, le cardinal Octavien se pose comme antipape sous le nom de Victor. Alexandre lance l'excommunication contre Victor, contre l'empereur, qu'il déclare déchu de la dignité impériale, contre tous les partisans de l'antipape. Mais Frédéric est tout-puissant, et que pourra contre lui un Pontife désarmé ? Le péril était extrême, le ciel intervint.

Anthelme, du fond de sa cellule, apprend le danger que court la chrétienté tout entière. Il écrit sans perdre de temps à tous les Prieurs de son Ordre, et, à sa parole, l'Ordre tout entier, fidèle à ses traditions de dévouement inviolable à la sainte Eglise et à la personne sacrée du Vicaire de Jésus-Christ, se déclare en faveur d'Alexandre III. Cet exemple est suivi par l'Ordre de

Cîteaux. Alors, non content de ce succès, Anthelme écrit aux évêques qu'il croit hésitants, et il dissipe les doutes du plus grand nombre. Bientôt la France, l'Angleterre et l'Espagne reconnaissent Alexandre III comme Pape légitime, et, dans un concile tenu à Toulouse en 1161, en présence de 300 prélats, évêques et abbés, et des deux rois de France et d'Angleterre, Alexandre est acclamé et Victor rejeté comme schismatique.

On ne saurait méconnaître la part considérable qui revient à saint Anthelme de cette éclatante victoire.

En vérité, M. F., l'arbre symbolique est parvenu à son complet développement et la justice a multiplié ses fleurs et ses fruits sur les palmes qui forment sa couronne. A ses supérieurs, en effet, Anthelme a rendu sans compter ce qu'il leur devait : à Dieu, d'abord, il a rendu son corps et son âme par sa Profession religieuse ; au Souverain Pontife et à l'Eglise opprimés, il a, par ses efforts et le prestige de sa vertu, rendu l'indépendance et la liberté ; à ses égaux, il a donné personnellement l'exemple de la perfection religieuse la plus accomplie, et par là, sans doute, il les a maintenus dans le devoir ; mais en instituant les Chapitres généraux et le Généralat, il a fourni à son Ordre le plus sûr moyen de vigilance contre les abus et le moyen de perfection le plus achevé. Enfin, à ses inférieurs il a donné les bienfaits de son administration, qui, après plus de sept siècles, sont encore vivants dans leur souvenir et dans leurs œuvres.

Le juste a donné ses fleurs et ses fruits : Israël peut s'abriter à son ombre, et demander aux palmes qui le couronnent, la fraîcheur, la nourriture et la vie.

III

Israël, c'est l'Eglise fortunée de Belley, à qui le Souverain Pontife Alexandre III donna Anthelme pour évêque. Il serait impossible de redire toutes les merveilles de ce règne du juste sur votre Eglise ; M. F., contentons-nous d'une rapide appréciation.

D'importantes réformes restaient à accomplir ; Anthelme procéda auprès de ses prêtres, comme il avait procédé auprès de ses frères, par la force et la suavité, exigeant l'amendement des coupables, et donnant à la faiblesse le soutien nécessaire pour la fortifier. En peu de temps, il triompha de tous les abus et il vit son clergé lui obéir avec une déférence et une affection toute filiale.

A cette époque, le diocèse était infesté de bandes armées qui ravageaient le pays, le pillaient et massacraient les prêtres, les clercs, les veuves, les orphelins et les pauvres. Anthelme, avec une fermeté qu'aucune considération humaine ne pouvait fléchir, entreprit de faire cesser ces déprédations et ces brigandages. Armé du glaive spirituel, il frappait sans hésiter et livrait les incorrigibles à Satan par un anathème solennel. Quelle que fût leur puissance, il ne leur cédait rien des droits de la justice ; il aurait porté la résistance jusqu'au martyre. Ce juste était ainsi parvenu à donner à ses décisions une autorité prépondérante et à imposer aux puissants un absolu respect pour sa sainteté, dont ils se plaisaient à solliciter dans leurs différends les jugements et l'impartialité.

A plusieurs reprises, en faveur de ses frères et d'autres religieux étrangers à son Ordre, il intervint pour maintenir leurs droits contre les susceptibilités de seigneurs ombrageux ; mais, ce qui est le comble de la gloire pour notre saint, c'est que la Cour de Rome, elle-même, se soit plu à reconnaître sa haute et incontestable influence, au point d'y faire appel dans les circonstances les plus solennelles.

Que dirons-nous maintenant des vertus privées de l'admirable Pontife ? Evêque, il était resté moine. C'était toujours avec délices qu'il respirait l'air embaumé de sa chère solitude de la Grande-Chartreuse. Souvent il allait s'y retremper, et là, échauffé par les rayons du Soleil de Justice, vivifié par les eaux de la grâce divine, sa sainteté trouvait une vigueur nouvelle qui se traduisait, en faveur de son peuple, par les bienfaits les plus abondants dans l'ordre matériel, aussi bien que dans l'ordre spirituel.

Sa charité était sans mesure. Durant son épiscopat, comme autrefois à Portes, il était le père des pauvres, se réduisant pour l'entretien de sa personne au strict nécessaire afin de pouvoir distribuer des aumônes plus abondantes. Tous les genres d'infortune trouvaient accès auprès de lui, et Dieu se plaisait à reconnaître par des miracles la justice de son serviteur.

Ce fut dans l'exercice de la justice envers les pauvres, leur donnant largement selon son cœur, durant une famine qui désola Belley en 1178, que notre saint rendit à Dieu sa belle âme. Ce fut également dans l'exercice de la même vertu, mais d'une autre manière cependant, à l'égard d'un grand de la terre, qui jusqu'à la fin se montrait rebelle à ses justes revendications.

Humbert III, comte de Maurienne, était un de ces seigneurs dont la puissance n'avait jamais pu triompher d'Anthelme contre le droit. Excommunié par le saint pour avoir exigé injustement des biens appartenant à l'Eglise de Belley, et à cause du meurtre d'un prêtre, crime pour lequel il refusait une juste satisfaction, il avait été absous par le Pape, grâce à une intrigue. Mais, n'osant se contenter d'une telle absolution, le comte voulut en recevoir une autre du saint évêque. Celui-ci avait maintenu la condition d'une réparation solennelle pour les fautes commises. Humbert s'était obstiné et même était allé jusqu'à proférer des menaces contre Anthelme, qui lui avait répliqué par ces nobles paroles : « J'en appelle au tribunal de Dieu, Prince, et je vous y assigne au jour des justices suprêmes. » Mais, voici que le saint va mourir : ses frères intercèdent en faveur du prince coupable. « Jamais il ne sera absous, leur dit le saint, prêt à paraître devant le tribunal de Dieu, qu'il n'ait renoncé à ses injustes prétentions sur les biens de l'Eglise et donné satisfaction pour le meurtre du prêtre. »

Deux religieux vont trouver Humbert et l'exhortent à se soumettre à la pénitence, ils le pressent d'implorer son pardon et de se courber sous la bénédiction de leur père... Humbert est soudain transformé. Touché jusqu'aux larmes, il court se jeter aux pieds du saint, il confesse sa faute, renonce pour toujours à ses prétentions, se déclare le défenseur de l'Eglise et de ses biens, et pendant ce temps, l'homme de Dieu, étendant ses mains sur le coupable, lui donne la plus ample absolution.

Après cette scène touchante, l'entourage d'Anthelme lui demande de le bénir. Le saint recommande à tous, comme plus sûr moyen de salut, la charité, la concorde, l'union des cœurs, puis il expire dans la paix de Dieu. C'était le 26 juin 1178.

Saluons, messieurs, la mémoire du juste dont vous venez d'entendre retracer la vie. Mais saluons surtout le principe de tant de merveilles !

Anthelme, arrivé à l'apogée de la vertu, en a répandu les fruits avec abondance sur le peuple que Dieu avait daigné lui confier. Mais où a-t-il puisé la sève qui l'a fait germer, se développer et fleurir ? C'est dans le cloître. C'est la vie religieuse qui a formé ce juste, qui a produit cet homme étonnant, qui fut une des plus pures gloires de son siècle. Ah ! Messieurs, la vie religieuse ! Je n'entreprendrai pas de vous en exposer toutes les grandeurs, quoique mon sujet semble m'en fournir une bien noble occasion. Je me bornerai à vous dire qu'elle est la mère des plus grands sacrifices, et partant, des plus sublimes dévouements, des plus héroïques vertus. Le monde, cependant, la méprise ; officiellement il la rejette, et si quelques-uns des plus intelligents la tolèrent, écoutez dans quels termes et à quel titre ils lui accordent droit de cité parmi les hommes :

« Il est bien, disait au milieu de ce siècle un de nos hommes d'Etat les plus éminents, il est bien que le christianisme se tienne là sur le chemin des grands désespoirs, qu'il les saisisse à leur passage et qu'il leur dise : la mort que tu cherches, ô mon ami, est trop violente, trop lâche, j'en ai une autre plus douce, plus digne à t'offrir. Viens dans mes demeures ; tu donneras peu à la société, il est vrai, mais aussi tu lui demanderas peu. Ton existence matérielle aura du moins le strict nécessaire ; l'association de l'infortune ne sera pas non plus sans charme pour toi, et enfin, si tu souffres, tu te dédommageras des désolations du temps sur l'espoir des biens de l'éternité (1). »

Vous l'avez entendu, le cloître est un refuge offert par la religion du Christ aux lâches, aux désespérés !... Est-ce de la folie ? Est-ce du blasphème ?... Anthelme, pour ne parler que de lui, était un lâche ! C'était un désespéré !... Messieurs, n'est-il pas vrai que nos sages, en parlant de ce qu'ils ignorent, ne font pas plus que les sots, œuvre de sagesse ? Incapables de rien comprendre aux choses du ciel : *Animalis homo non percipit ea quæ Dei sunt*, ils sont inhabiles à saisir le sens, la portée, la puissance des deux seuls grands mots de la langue humaine : Dieu et Patrie ! C'est pourquoi ils outragent le soldat, s'il refuse de mettre son épée au service des passions haineuses qui les dévorent. Et le Moine ?... hier ils le toléraient avec une compassion de mauvais aloi, celle qu'on accorde à un être déchu... Aujourd'hui, ils le suppriment.

(1) Ad. Thiers.

Eh bien, qu'il me soit permis de le dire et de le proclamer bien haut ici, à la gloire du moine illustre que nous célébrons, la société a besoin des moines pour accomplir pleinement sa destinée terrestre ; sans eux, elle manquerait d'un organe essentiel à sa vie morale ici-bas.

La société comme l'individu est l'œuvre de Dieu, et comme lui, elle doit à son Créateur l'hommage de sa dépendance. L'individu offre cet hommage en son nom privé, la société doit l'offrir au nom du peuple, c'est-à-dire d'une façon solennelle et publique. Or, qui donc se présentera devant Dieu au nom des sociétés ? Des individus ? Jamais... Les sociétés se représentent par des corps constitués : corps militaire, magistrature, corps diplomatique, corps législatif, c'est ainsi que dans l'ordre matériel on entend les choses. Eh bien, l'âme sociale, celle qui aime, bénit et adore la main qui crée les sociétés, aura son organe pour exprimer tout haut et sans interruption le chant de sa reconnaissance, et cet organe sera le corps constitué sous le nom d'Ordre religieux ; centre divin, lien mystérieux qui unit les sociétés de la terre avec la société du ciel. Les moines de tout Ordre sont les ambassadeurs que la terre envoie à la cour du Roi des rois. Sans eux, la société n'a plus de relation officielle avec la source de sa vie.

Si Dieu doit être honoré par les nations comme auteur de la vie et de tous les biens des sociétés, il doit être apaisé comme auteur des châtiments qui affligent les peuples rebelles à ses lois. Dieu punit les individus coupables dans une autre vie, mais les peuples, il ne peut les atteindre qu'ici-bas.

Que nos utopistes modernes, nos politiciens de tous étages s'évertuent à trouver des systèmes et des expédients pour expliquer la cause des maux qui désolent le monde ! La vérité est que ce n'est ni l'organisation sociale, ni telle ou telle forme politique, ce n'est ni la richesse ni la pauvreté, ni le capital ni le travail, ni l'excès de production ni le défaut de consommation qui amènent les maux et calamités que nous déplorons. Je vous le disais en commençant : *Justitia elevat gentem ;* maintenant, j'achève le texte : *miseros autem facit populos peccatum* (1). Voilà la vérité. Dieu punit les nations, parce que les nations

(1) Prov. xiv, 34.

l'offensent, méprisent ses lois, les foulent aux pieds, en un mot, parce qu'elles accomplissent le péché.

Dieu châtie les peuples à cause des crimes d'un certain nombre d'individus coupables, crimes que la nation tolère, ou qu'elle ne répare point, une fois commis. Nous sommes ici en face d'une loi écrite au cœur même de l'humanité : la grande loi de la solidarité.

Voyez comment vous en faites vous-mêmes chaque jour l'application dans la petite société qu'on appelle la Famille. Qu'un homme soit un héros, s'il est le fils d'un scélérat, quels que soient les prodiges qu'il accomplisse, peut-être parviendra-t-il à faire regretter cette tache originelle, mais il ne l'effacera jamais. Il y a, dit Plutarque, cette différence entre les œuvres de l'art et celles de la génération, que les premières, une fois accomplies, se séparent de leur auteur, tandis que les secondes ne sont, pour ainsi dire, que la continuation de sa substance et en retiennent quelque chose qui est justement puni ou récompensé. C'est pourquoi quiconque expie en souffrant au nom de la société, enlève à l'expiation comme à la souffrance d'autrui ce qu'il accepte en plus pour son propre compte. Ainsi le veut la loi que le philosophe appelle la loi de la solidarité et que le langage chrétien traduit par ce conseil évangélique : Faire pénitence pour ses frères.

Eh bien ! pendant que de toute part, dans notre malheureuse Patrie, la foule précipite sa course, consumée par l'inextinguible soif de l'or et du bien-être matériel que l'or procure, pendant qu'elle renie Dieu et se plonge dans les désordres les plus effrénés, foulant aux pieds tout honneur et toute justice, des hommes se dévouent à prier le Dieu des miséricordes pour qu'il prenne en pitié le cher pays de France. Ces hommes veulent assumer sur eux-mêmes, pour en décharger leurs frères, la plus large part possible des épreuves que leur imposerait la loi de l'expiation, et ces hommes, on les insulte, on les maudit, à moins que, par un reste de pudeur, on ne leur garde un peu de la pitié qu'on accorde aux faibles et aux idiots !...

Messieurs, saint Anthelme était un ces hommes qui avait voué son existence à la prière et au sacrifice, pour lui-même d'abord, afin d'éclairer son âme et de réformer sa vie ; et puis, pour ses frères, les chrétiens du siècle, afin d'intercéder en leur faveur auprès de Dieu et de s'offrir pour eux, en union avec le Rédempteur des hommes, comme victime de réparation et de salut. Après 30 ans passés dans la prière et dans l'immolation de lui-même, véritable et parfait modèle de justice, Anthelme avait acquis en son âme une générosité, une force, une puissance qui l'élevaient au-dessus des mille passions humaines, dont les tourbillons et les tempêtes venaient expirer à ses pieds. Aussi, pendant 15 ans d'épiscopat, il fut pour toutes les intelligences une lumière, pour tous les cœurs un soutien, pour toutes les défaillances un appui, pour toutes les détresses un trésor où elles puisaient en abondance la force et la vie.

Mais la Justice ne meurt pas, *perpetua est et immortalis* (1), et le juste vit avec elle dans la lumière, sa mémoire est éternelle, sa couronne de palmes ne se flétrit jamais et son pouvoir du haut du ciel ne fait que grandir avec les siècles. Les miracles d'Anthelme prouvent magnifiquement ce que j'avance. Je termine donc, chrétiens, en vous disant à vous, ses fils de prédilection, de ne jamais cesser de l'invoquer, de lui confier vos intérêts du temps et de l'éternité. Qu'il fasse de vous des justes ! A l'heure présente, la Justice semble avoir déserté notre Patrie. C'est l'erreur, c'est le mensonge, c'est la volupté, c'est l'égoïsme, c'est l'injustice, enfin, qui y règne en souveraine ! Ah ! puissions-nous voir se lever des jours plus purs ! Que parmi vous, chrétiens, la vérité et la vertu soient en honneur. Nourrissez-vous toujours des fruits de la justice et que, par les mérites de saint Anthelme, notre chère France redevienne la nation des âmes généreuses, des nobles cœurs, des dévouements sublimes, la Fille aînée de l'Eglise, en un mot, digne, seulement alors, d'accomplir les grandes œuvres de Dieu ! *Amen.*

(1) Sap. 1, 15.

Lyon. — Imprimerie **Vitte et Perrussel**, rue Condé, 10.